Friedrich Maassen

**Eine Römische Synode aus der Zeit von 871 bis 878**

Friedrich Maassen

**Eine Römische Synode aus der Zeit von 871 bis 878**

ISBN/EAN: 9783744615822

Hergestellt in Europa, USA, Kanada, Australien, Japan

Cover: Foto ©ninafisch / pixelio.de

Weitere Bücher finden Sie auf **www.hansebooks.com**

# EINE

# RÖMISCHE SYNODE

## AUS DER ZEIT VON 871 BIS 878.

---

VON

## FRIEDRICH MAASSEN

WIRKL. MITGLIEDE DER KAIS. AKADEMIE DER WISSENSCHAFTEN.

WIEN, 1878.

IN COMMISSION BEI KARL GEROLD'S SOHN

BUCHHÄNDLER DER KAIS. AKADEMIE DER WISSENSCHAFTEN.

Aus dem Julihefte des Jahrganges 1875 der Sitzungsberichte der phil.-hist. Classe der kais. Akademie der Wissenschaften (XCI Bd., S. 773) besonders abgedruckt.

Druck von Adolf Holzhausen in Wien
k. k. Universitäts-Buchdruckerei.

Der Cod. B II 13 der Stadtbibliothek von Brescia, eine Handschrift des zehnten Jahrhunderts, enthält nach der Sammlung des Pseudoisidorus in ihrer kürzesten (von Hinschius als Cl. A 2 bezeichneten) Form und vor der von mir so genannten Sammlung der Handschrift von Novara[1] achtzehn Capitel,[2] deren erstes die Ueberschrift führt: *De primatu sanctae Romanae et apostolicae ecclesiae.* Diese Capitel gehören einer Synode an. Dies ergiebt sich, von andern Beweisgründen abgesehen, z. B. aus cap. XVI direct, wo es heisst: *Quisquis ergo archiepiscoporum post hanc synodalem diffinitionem nostram tale quid facere temptaverit,* rel. Diese Synode ist unter dem Vorsitz des Papstes gehalten; daher wird z. B. in cap. X Leo I. als *praedecessor noster* bezeichnet und in cap. XVIII definirt nicht das Concil, sondern der Papst mit dem Concil: *una cum sancto concilio diffinimus.* Der Ort des Concils ist Rom. Daher heisst es cap. XVII: *in hac sancta Romana, cui Deo auctore deservimus, ecclesia,* und in cap. XVIII ist von *hujus Romae civitatis suburbanis* die Rede. Dass auf der Synode die Bischöfe eines grossen Theils von Italien anwesend waren, sehen wir aus dem cap. VIII, welches einen die sämmtlichen Kirchen *per Samniam, Campaniam, Picenum, Umbriam, Valeriam, Tusciam,*

---

[1] Meine Gesch. der Quellen u. s. w. I. 717.
[2] In der Handschrift kommt die Nummer XVI zweimal vor; es ist daher das letzte Capitel als das XVII. bezeichnet.

1*

*Flamineam, Pentapolim et Emiliam* betreffenden Beschluss enthält. Die Bischöfe der Aemilia waren freilich nicht erschienen,
wie aus cap. XVI erhellt; aber sie waren doch geladen und
ohne genügende Entschuldigung ausgeblieben.

Die Synode fällt bald nach dem achten allgemeinen
Concil von Constantinopel. Es ist nämlich unter der *sancta et
universalis synodus nuper aput regia urbe facta,* deren das
cap. XVI gedenkt, eben dieses Concil gemeint. Nachdem das
Verfahren des Erzbischofs von Ravenna und andrer Metropoliten, unter dem Vorwande der Visitation ihre Suffragane
auszuplündern, gerügt und für die Zukunft der Bestrafung
durch den apostolischen Stuhl überwiesen ist, heisst es weiter:
*perseverans autem deponatur ut sacrilegus et idolatra per hujus-
modi avaritiam et turpe lucrum effectus, secundum [quod] peregregius apostolus sentit et sancta et universalis synodus
nuper aput regia urbe facta decernit.* Hier ist auf den c. 19
des gedachten allgemeinen Concils verwiesen, welcher in der
Version des Anastasius bibliothecarius, dem einzigen Medium
seiner Ueberlieferung, folgendermassen lautet: *Quod non
oporteat archiepiscopos aut metropolitas sub obtentu
quasi visitationis proficisci ad alias ecclesias et sub-
jectos sibi episcopos per avaritiam damnis afficere vel
gravare.* (R.) *Avaritiam, utpote secundam idololatriam, Paulus
magnus execratur apostolus, cunctos videlicet, qui Christiano voca-
bulo censentur, ab omni turpi lucro abstinere volens. Multo magis
ergo iis, qui sacerdotio funguntur, nefas est coepiscopos et suffra-
ganeos suos per quemcunque modum gravare. Hujus rei gratia
definivit sancta haec et universalis synodus nullum archiepiscoporum aut metropolitanorum relinquere propriam ecclesiam et sub
occasione quasi visitationis ad alias accedere et potestate propria
in inferiores abuti et consumere reditus, qui apud illos inveniuntur
ad ecclesiasticam dispositionem et alimenta pauperum,* rel. Am
Schluss heisst es dann: *Quisquis ergo post hanc definitionem
nostram tale quid facere tentaverit, poenam subeat a patriarcha,
qui per tempus fuerit, secundum congruentiam injustitiae ac
avaritiae suae et deponatur et sequestretur ut sacrilegus et aliter
ut idololatra factus juxta magnum apostolum.* [1]

---

[1] Mansi XVI. 172.

Die Uebersetzung des Anastasius — diejenige Form der
Acten dieses Concils, deren sich die römische Kirche bediente
— ist nach dem Jahr 870 angefertigt worden. Die Legaten
des Papstes langten aus Constantinopel erst am 22. December
des genannten Jahrs in Rom an, nachdem sie auf der Heim-
reise von Piraten überfallen waren und dabei die für den Papst
bestimmte beglaubigte Abschrift der Concilsacten eingebüsst
hatten. Die Uebersetzung ist dann im Auftrag Hadrian's II.
von Anastasius nach dessen eignem, von ihm aus Constantinopel mitgebrachten Exemplar der Acten besorgt worden. [1]

Der Endpunct des Zeitraums, in dem die Synode gehalten
sein muss, ergiebt sich für uns aus dem Umstande, dass der
Erzbischof Johannes von Ravenna, bekannt durch seine
Streitigkeiten mit Nicolaus I., [2] in cap. XVI als lebend an-
geführt wird: *a Johanne, qui nunc superest, ejusdem urbis antistite.* Wir besitzen ein Schreiben Johann's VIII. an den er-
wählten Nachfolger des genannten Erzbischofs, in dem der
Papst sein Beileid über den Tod des Letzteren ausdrückt. [3]
Dieser Brief ist vor der Rückkehr von der Reise, welche der
Papst in's westliche Frankenreich unternommen hatte, ge-
schrieben. Da dieselbe vor dem 11. Mai 878 angetreten wurde, [4]
so muss demnach unsre römische Synode vor diesen Termin
fallen.

Aus dem Gesagten ergiebt sich, dass die achtzehn Capitel
der brescianer Handschrift einer römischen Synode angehören,
welche entweder noch unter Hadrian II. († 13. November —
13. December 872), und zwar in seinen letzten beiden Regie-
rungsjahren, oder unter Hadrian's Nachfolger Johann VIII. vor
seiner im Jahr 878 unternommenen Reise nach dem Westreich
gehalten ist.

Von einer Synode aus den Jahren 871 und 872, der wir
die achtzehn Capitel zuschreiben könnten, findet sich keine
Spur. Wenn auch Muratori darin beizustimmen ist, dass die

---

[1] Mansi XV. 817, XVI. 9, 29. Vgl. Hefele Conciliengeschichte IV. 371 und
besonders Dümmler Geschichte d. ostfränk. Reichs I. 697 fg.

[2] Dümmler I. 495 fg. S. auch u. S. 789 Note 1.

[3] Jaffé 2425.

[4] An diesem Tage landete er in Arles. S. Jaffé post 2368, Dümmler II.
79 und die dort Citirten.

Entbindung Ludwig's II. von dem Eide, den dieser dem Herzog Adalgisus von Benevent geleistet hatte, noch durch Hadrian II. um Pfingsten 872 und nicht erst, wie Regino von Prüm berichtet, durch Johann VIII. geschehen ist,[1] so findet sich doch keine Andeutung von einer zu diesem Zweck gehaltenen grösseren Synode italischer Bischöfe.[2]

Johann VIII. hat bis zum Antritt seiner Reise in's Frankenreich fünf Synoden in Rom gehalten, von denen wir wissen.

Die erste derselben fällt in's Jahr 873. Wir wissen von ihr durch die von Johann im August des Jahrs 878 in Troyes gehaltene Synode, deren c. 2 folgendermassen lautet: *Ecclesiarum sanctarum possessiones, id est monasteria, mansa, cortes, villas, patrimonia omniaque, quae jurisdictionibus earundem conveniunt, nullus suppetere a Romano seu reliquis pontificibus praesumat, nisi personae, quas canonica sancit auctoritas; ut est illud primo anno ordinationis nostrae apud beatum Petrum apostolum constitutum.*[3] Unter den achtzehn Capiteln der brescianer Handschrift findet sich keines, auf welches dieses Citat der Synode von Troyes passte.

Die zweite römische Synode Johann's VIII., von der wir Kunde haben, ist im Jahr 875 gehalten, bevor Karl der Kahle in Rom eintraf und zum Kaiser gekrönt wurde.[4] Die Synode von Ponthion im Jahr 876, in deren Acten wir diese Notiz finden,[5] theilt zugleich mit, dass der Papst *cum consensu omnium*

---

[1] S. Jaffé post 2240, Gregorovius Gesch. der Stadt Rom III. 186. Dümmler I. 779.

[2] Die Worte Regino's (Pertz Scriptores I. 584) sind: *Anno dominicae incarnationis 872. Hlodowicus imperator Romam venit ibique conventum celebrans coram summo pontifice multa super Adalgisi tyrannide conquestus est. Tunc a senatu Romanorum idem Adalgisus tyrannus atque hostis reipublicae declaratur, bellum etiam adversus eum decernitur. Johannes papa imperatorem a juramento, quo se obligaverat, auctoritate Dei et sancti Petri absolvit.*

[3] Mansi XVII. append. p. 187.

[4] Jaffé 2257. S. auch Hefele IV. 495 und Dümmler I. 829.

[5] *Congregata igitur in Romana urbe sancta synodo ante adventum praedicti domni imperatoris misit cum consensu omnium epistolas Hludowico regi filiisque quoque ipsius, archiepiscopis, episcopis, abbatibus ac reliquis primoribus regni sui monentes eos apostolica auctoritate more paterno servare, quae pacis sunt, ne videlicet aliquam inreptionem in regno praefati augusti*

Schreiben an Ludwig den Deutschen und seine Söhne und an
alle Erzbischöfe, Bischöfe, Aebte und die übrigen Grossen des
ostfränkischen Reichs gerichtet und sie von einem gewaltsamen
Einfall in Karl's des Kahlen Reich abgemahnt habe.

Die dritte und vierte Synode sind in der Sache des
Bischofs Formosus von Porto, desselben, der später als Nachfolger Stephan's VI. zum römischen Pontificat gelangte, am
9. April und 30. Juni 876 gehalten worden.[1] Ueber die erstere
sind wir durch Johann's VIII. Schreiben an die gallischen und
germanischen Bischöfe *Zelo Christianae* unterrichtet.[2] Von der
letzteren ist uns die gegen Formosus gerichtete Sentenz in
einem merseburger Codex erhalten, aus dem Richter sie im
Jahr 1843 mitgetheilt hat.[3] Dass mindestens auf dieser Synode
ausser den römischen auch andre italische Bischöfe zugegen
waren, erfahren wir aus dem uns erhaltenen Document.[4]

Die fünfte römische Synode Johann's VIII., von der wir
wissen, ist kurz vor seiner Abreise in's Frankenreich in Sanct
Peter gehalten. Der Papst verhängte auf ihr gegen den Herzog
Lambert von Spoleto und seine Anhänger den Bann, den er
nicht lange vorher in der Paulskirche ihnen angedroht hatte.[5]
Auch hier waren italische Bischöfe anwesend.[6] Dass unsre
achtzehn Capitel dieser Synode angehören, ist aus folgenden
Gründen sehr unwahrscheinlich. 1. Die Excommunication wurde
ausgesprochen, als der Papst sich anschickte das von Lambert
bedrohte Rom zu verlassen. Es ist nicht eben anzunehmen,
dass dieser Zeitpunct für geeignet gehalten wäre noch andre

---

(sc. *domini Karoli*) *facile tentarent, usque dum simul ad mutuum colloquium
venirent et ipse inter eos et de pace conservanda et de jure regnorum secundum sibi a Deo ministerium creditum decerneret pariter et discerneret*
(Pertz Leges I. 535).

[1] Jaffé post 2268, post 2271.

[2] Jaffé 2270.

[3] Marburger Prorectoratsprogramm vom 10. Sept. 1843 p. 5.

[4] *Et subscripserunt romanorum episcopi numero XXVIII cum consedentibus
italicis episcopis et presbyteri IV et totidem diacones.* A. a. O. p. 6.

[5] Dümmler II. 77 fg.

[6] In der Allocutio Johann's VIII. an die Synode von Troyes bei Mansi
XVII. 348 heisst es: *praedictos Lantbertum et Adelbertum sequacesque
eorum .... in ecclesia beati Petri apostoli una cum coepiscopis et confra-
tribus nostris Italicis excommunicavimus* rel.

als die dringlichsten Angelegenheiten zu ordnen. 2. In cap. XVI
der brescianer Handschrift wird der Handlungsweise des Erzbischofs Johann von Ravenna in einer Weise gedacht, welche
zeigt, dass der Friede zwischen ihm und dem Papst zur Zeit
der Synode, der diese Capitel angehören, keineswegs bereits
hergestellt war. Er wird der Räubereien und Gewaltthätigkeiten
beschuldigt und eventuell mit Deposition bedroht. Nun richtet
aber kurz vor der Verhängung des Banns über Lambert der
Papst an Johann von Ravenna ein freundliches Schreiben,
in welchem er diesem mittheilt, dass die Androhung der
Kirchenstrafe gegen Lambert erfolgt sei und dass er selbst um
sich seinen Nachstellungen zu entziehen über's Meer nach
Frankreich gehen werde.[1] Mit der ganzen Fassung des Briefs
würde es unverträglich sein, dass der Papst ihn zu derselben
Zeit einen Räuber und Gewaltthäter genannt und mit Deposition bedroht hätte. 3. In demselben Capitel werden die Bischöfe
der Aemilia, die Suffragane des Metropoliten von Ravenna, mit
der Excommunication bedroht, wenn sie nicht innerhalb vierzig
Tagen sich in Rom einfänden. Diese Verfügung steht offenbar
mit dem vom Papst gefassten Entschluss Rom wegen der ihm
dort drohenden Gefahren jeden Augenblick zu verlassen nicht
im Einklang.

Wenn nicht etwa die achtzehn Capitel einer Synode angehören, von der wir sonst keine Kunde haben, so möchte
ich sie der Synode von 875 beilegen. Es sprechen dafür
folgende Gründe.

Von den achtzehn Capiteln unsrer römischen Synode
finden sich der grössere Theil des II., ferner die Capitel III, V,
VI, VII, IX, X, XI, XII, XIII, XIV, XV entweder wörtlich
oder doch mit nicht eben wesentlichen Abweichungen auch
unter den Schlüssen des von Johann VIII. in Ravenna im
August 877 gehaltenen Concils.[2] Es stehen daher beide Synoden durch ihren Inhalt in naher Beziehung. Nun findet durch
einen andern Act auch ein Connex zwischen dem Concil von
Ravenna und der römischen Synode von 875 statt. Ein Haupt-
zweck des Ersteren war nämlich die Anerkennung der Erhebung

---

[1] Jaffé 2356.
[2] Mansi XVII. 335 sq.

Karl's des Kahlen zur Kaiserwürde auszusprechen.[1] Das kurz vor Karl's Ankunft in Rom im Jahr 875 gehaltene Concil steht aber zu seiner Kaiserkrönung in vorbereitendem Verhältniss. Wir wissen freilich von diesem Concil nur, dass es der an Ludwig den Deutschen gerichteten Abmahnung von einem Einfall in Karl's Reich zustimmte.[2] Aber es genügt dies auch um zu erkennen, dass es den Entschluss des Papstes, nicht an Ludwig, sondern an Karl die Kaiserkrone zu verleihen, gebilligt habe.[3] Bei der engen Verbindung daher, in welcher die Bestätigungssynode von Ravenna und diese dem Krönungsact vorhergehende römische Synode durch die Hauptgegenstände ihrer Beschlussfassung zu einander stehen, hat offenbar der Gedanke nichts Willkürliches, dass unter den römischen Synoden grade die letztere es sei, deren Canonen auf der Synode von Ravenna wiederholt wurden. Ich bemerke aber ausdrücklich, dass ich weit davon entfernt bin mehr als eine Vermuthung aussprechen zu wollen.

Dass in Ravenna die achtzehn Capitel der römischen Synode nicht sämmtlich wiederholt oder, was ja das Einfachste gewesen wäre, in complexu bestätigt sind,[1] das erklärt sich für die Mehrzahl derselben ohne Schwierigkeit.

Das cap. VIII, so unklar sein näherer Sinn in der vorliegenden Fassung auch ist, hat doch offenbar eine locale Beziehung. Auf der Synode von Ravenna finden wir aber in nicht geringer Zahl auch Bischöfe solcher Provinzen, die in dem cap. VIII unsrer römischen Synode gar nicht erwähnt werden. Was ferner cap. XVI betrifft, so waren auf der Synode von Ravenna speciell auch der Erzbischof Johann und die Bischöfe der Aemilia anwesend und mitwirkend. Daher musste dieses

---

[1] Bis auf Jaffé schrieb man diesen Bestätigungsact einer römischen Synode zu, die nach Pithou im Jahr 876, nach Sirmond im Februar 877 und nach Pagi im Juli desselben Jahres gehalten sein sollte. Jaffé p. 269 hat gezeigt — und zwar so, dass jeder Zweifel ausgeschlossen ist —, dass dieser Beschluss der Synode von Ravenna angehört. S. auch Dümmler II. 50 fg.

[2] S. o. S. 776 Note 5.

[3] Vgl. auch Mansi XVII. 303 und Hefele IV. 495.

[4] Wie die Capitel der ravennatischen Synode auf dem Concil von Troyes: *Ut illa capitula, quae anno praecedente apud Ravennam statuimus synodali collegio, inconvulsa ab omnibus observentur* (Mansi XVII. append. p. 187).

Capitel, dessen erster Theil gegen den Erzbischof und dessen
Schluss gegen seine Suffragane gerichtet ist, hinwegfallen.
Offenbar hatte nach beiden Richtungen hin bereits eine Aus-
söhnung stattgefunden. Das cap. XVII bezieht sich lediglich
auf die Verhältnisse der römischen Kirche. Ebenso hat das
cap. XVIII zunächst die Verhältnisse dieser Kirche im Auge.

In cap. I und cap. IV<sup>9)</sup> ist Pseudoisidor deutlich im Werk
zu spüren. Es ist nicht uninteressant, dass das Concil von
Ravenna das erste Capitel ganz weggelassen und an die Stelle
des allgemeinen Verbots der Vergewaltigung der Bischöfe,
welches in der technischen pseudoisidorischen Sprache das
vierte Capitel enthält, einen Canon gesetzt hat, der speciell
gegen die Herzoge gerichtet ist.

Ich lasse jetzt die achtzehn Capitel der römischen Synode
nach der brescianer Handschrift, in der ich sie gefunden,
folgen. In den Noten werde ich bei denjenigen Capiteln, welche
auf der Synode von Ravenna wiederholt wurden, die Abweichungen nach der Ausgabe dieser Synode von Holstein, [1]
welche allen übrigen zu Grunde liegt, anführen.

## Cap. [I].

*De primatu sanctae Romanae et apostolicae ecclesiae.*

Sancta Romana et apostolica ecclesia non a hominibus
neque per hominem, sed ab ipso salvatore domino nostro Jesu
Christo primatum obtinuisse dinoscitur; sicut ipse beato Petro
apostolorum principi dixit: Tu es Petrus et super hanc petram
aedificabo ecclesiam meam et portae inferi non praevalebunt
adversus eam, et tibi dabo claves regni coelorum. [2] Ipsa enim

---

[1] Collectio Romana bipartita veterum aliquot historiae ecclesiasticae monu-
mentorum. Romae 1662. P. II. p. 147 sq.

[2] Vgl. Pseudo-Anacletus bei Hinschius p. 83: ... *sacrosancta Romana
apostolica ecclesia non ab apostolis, sed ab ipso domino salvatore nostro
primatum optinuit, sicut ipse beato Petro apostolo dixit: Tu es Petrus* rel.
Findet sich auch in der von mir edirten Rede Hadrian's II. von Monte-
cassino (Sitzungsberichte Jahrg. 1872 Bd. 72 S. 545).

1) Il est fâcheux que M. Maassen ne donne, ici, ni plus loin, la fausse
Décrétale qui aurait été utilisée pour ce Chapitre IX.
J'ai essayé de faire moi-même le rapprochement, et je n'ai rien
trouvé de concluant en faveur de l'utilisation, pour ce canon,
du recueil pseudo-isidorien.

5) Sources: Conc. Nic. praef. dans la Coll. Quesnell. (les M. opp. ed. Ballerini
3,23) Vg. Maassen p. 83 note.

: lettre de Sergius au pape Théodore I (voy. le texte latin et grec, dans les act. conc. later (649) sess. II (Mansi X, 914 sq. Colet. VIII 126), ~~et~~ la Vagerie.

firmamentum a Deo fixum et immobile speciali est ditata privilegio, in qua omnes vertuntur, sustentantur, relevantur et renovantur ecclesiae, [1] quam qui perturbare contra canonica patrum statuta praesumpserit, non jam homini, sed ipsi Deo injuriam apostatando inrogans, nisi cito sub congrua satisfactione coram ipsius ecclesiae praesule resipuerit et in sua obstinatione permanserit, sciat se ab omni communione ecclesiastica sequestratum.

## Cap. II.

*De ordinatione episcoporum diu minime differenda.* [2]

Quoniam quidam metropolitanorum fidem suam secundum priscam consuetudinem sanctae sedi apostolicae exponere detractantes usum pallii neque expetunt neque percipiunt ac per hoc episcoporum consecratio viduatis ecclesiis non sine periculo protelatur, placuit, ut, quisquis [3] metropolitanus ultra [4] tres menses consecrationis suae ad fidem suam exponendam palliumque suscipiendum ab apostolica sede [5] non miserit, comissa sibi careat dignitate [6] sitque [7] licentia metropolitanis aliis post secundam et tertiam commonitionem viduatis ecclesiis cum consilio Romani pontificis ordinando episcopum subvenire. Si [8] vero consecrandi episcopi neglegentia provenerit, ut ultra tres menses ecclesia viduata consistat, communione privetur, quo-

---

[1] Vgl. Pseudo-Anaclito bei Hinschius p. 480: *Ipsa enim firmamentum a deo fixum et immobile percepit . . . . . ., ipsa est enim sacer vertex, in quo omnes vertuntur, sustentantur, relevantur et . . . . . . renovantur ecclesiae* Auch diese Stelle findet sich in der Rede Hadrian's (a. a. O. S. 552).

[2] Cod. *differendis.*

[3] Hier beginnt das cap. I der Synode von Ravenna, dem folgende Rubrik gegeben ist: *Ut metropolitani intra tres menses fidem suam apud sedem apostolicam exponant et pallium petant.*

[4] Syn. Rav. *intra.*

[5] Syn. Rav. add. *nulla inevitabili necessitate imminente.*

[6] Syn. Rav. add. *ita ut tamdiu episcopali illi sedi cedat omnique consecrandi licentia careat, quamdiu in exponenda fide et in expetendo pallio priscum morem contempserit.*

[7] Syn. Rav. *sit.*

[8] Hier beginnt cap. II Syn. Rav. mit folgender Rubrik: *Ut episcopi electi intra tres menses a metropolitano suo consecrentur.*

usque aut loco cedat aut eo consecrandum prebere non differat. Quodsi ultra quinque menses per suam neglegentiam retinuerit viduatam ecclesiam, neque ibi neque alibi consecrationis donum percipiat, imo metropolitani sui judicio cedat.

## Cap. III.

*De usu pallii, ne a metropolitanis praesumptive utatur.* [1]

Quicumque sane metropolitanorum per plateas vel in letaniis uti pallio praesumpserit et non tantum in precipuis festivitatibus et ab apostolica sede indictis temporibus ad missarum solummodo solemnia, [careat illo honore,] [2] prout beatus papa Gregorius ad Johannem et Marinianum scribit Ravennatis episcopos: [3] Qui grave jugum atque vinculum cervicis non pro ecclesiastica, sed pro quadam seculari dignitate defendit, permissa, qua abutitur, careat dignitate, quoniam jure privilegium meretur amittere, qui audacter usurpat inlicita. [4]

## Cap. IIII.

*De episcopis minime ignominiose tractandis.* [5]

Episcopos [6] vero, qui adhuc a Deo constituti sunt, ut oblationes fidelium divinae offerant majestati et suis precibus

---

[1] Syn. Rav. *Ut metropolitani non nisi statutis temporibus pallio utantur.*

[2] Die eingeklammerten Worte sind aus Syn. Rav. ergänzt.

[3] Syn. Rav. *ad Joannem Panormitanum episcopum et Marinianum scribit Ravennatem episcopum.*

[4] Cf. Lib. III. ep. 56, Lib. V. ep. 56 ed. Ben.

[5] Syn. Rav. hat statt dieses Capitels ein andres, welches folgendermassen lautet: *Ut duces episcopos non praesentent nec ipsos aliasque personas concutiant.* (R.) *Nulli ducum liceat quemlibet episcopum in praesentiam Romani praesulis introducere vel census ab eo sumptus publicos, sed dona quaelibet exigere; sed nec coram laicis episcopum objurgare concedimus. Clericos et sanctimoniales, pupillos et viduas sub tutela episcoporum esse decernimus et eos ad saecularia trahi modis omnibus interdicimus. Quemlibet autem ducem vel alium contra haec agentem excommunicandum esse decernimus; perseverantem vero anathematis vinculo innodandum.*

[6] Cod. *Episcopi.*

De sacerdotibus autem domini quos ... ... scitote vos in eo valde

Deo placere, qui tibi eos ad serviendum ascivit et familiares intantum
tibi esse volunt, ut etiam aliorum hostias per eos acceptaret atque eorum
peccata donaret sibique reconciliaret; ipsi quoque proprio ore corpus
domini conficiunt et populis tradunt. De illis enim dictum est. Qui
vos contristant me contristavit... "Pseudo-isidor, Decreta Pontiani
c. II (Hinschius, 147) Soarens: Hieron. ep. ad Heliod. №8 (1,34) ra Concil. Aquisgr
A. 816 lib. I c. ~~~~~~~~~~~~~~~~~~ |

· Cette citation de Zacharie (II, 8) se retrouve plusieurs fois dans les faultes decadentes
" g. Alexandrie (Menschius, 95, 96 ); Felicis II 11 (ib. 484)

populum Christo reconcilient, cujus corpus et sanguinem propriis conficiunt manibus et propinant ipsius redempti sanguinem, patrum statuta sequentes a nemine ignominiose tractari, a nemine sine canonico judicio dilacerari, a nemine scandalizari sancimus, dicente de eis Domino: Qui vos tangit, tangit pupillam oculi mei. Quos [qui] percutere, detruncare vel contra canonicam auctoritatem infamare aut propriis rebus absque legali judicio expoliare praesumpscrit seu a commissis sibi ecclesiis in sequendo expellere, communione privetur. Si vero bis vel ter conventus ei, in quem deliquisse dinoscitur, emendando non satisfecerit, anathematis vinculis innodetur.

## Cap. V.

*De ecclesiis non violandis et de non facienda injuria ecclesiasticis viris.* [1]

Si quis domum Dei violaverit et aliqua sine licentia illius, cui commissa [2] dinoscitur, inde abstulerit vel ecclesiasticis personis injuriam fecerit, donec conventus et ammonitus legitime satisfaciat, sciat se communione [3] privatum. Si vero post secundam et tertiam conventionem coram episcopo satisfacere detractaverit, sacrilegii periculo ab omnibus obnoxius teneatur. [4]

## Cap. VI.

*De raptoribus sanctimonialium vel quarumlibet feminarum.* [5]

Quicumque sanctimonialem vel quamcumque feminam in matrimonium vel concubinatum rapuerit, donec eam coram episcopo civitatis parentibus vel civibus restituat, cum omnibus suis fautoribus excommunicatum se esse cognoscat. Si vero

---

[1] Syn. Rav. *Ut qui domum Dei violaverit et inde quid abstulerit, communione privetur.*

[2] Syn. Rav. add. *esse.*

[3] Syn. Rav. add. *fore.*

[4] Syn. Rav. add. *ita ut secundum apostolum nemini fidelium misceatur.*

[5] Syn. Rav. *Ut raptores, nisi raptas restituant, communione privati etiam anathemate percellantur.*

post secundam et tertiam conventionem, quam rapuit, sub satisfactione congrua non reddiderit, tamquam anathematizatus ab
omni Christianorum consortio repellatur. Raptas enim nec in-
merito eas dicimus, quae sine consensu parentum seu civitatis
episcopi aut ipsae ultro difugiunt aut nolentes ab aliis ab-
ducuntur. [1]

## Cap. VII.

*De homicidis, truncatoribus, predonibus et domorum crematoribus.*[2]

Si quis homicidium, membrorum truncationem, domorum
incendia fecerit sive facere[3] jusserit aut facienti[4] consenserit,
quousque de his unicuique legaliter vel amicabiliter coram episcopo civitatis aliisque civibus non emendaverit, ab ecclesia se
privatum[5] cognoscat. Si vero[6] post secundam et tertiam conventionem cuncta, in quibus arguitur, non emendaverit, tamquam ethnicus et publicanus ab omni Christianorum conlegio
separetur.| Porro de his, qui depredationes fecerint aut facere
jusserint vel facienti consenserint, instituimus, ut, si ab episcopo civitatis ammoniti minime resipuerint,[7] XL diebus pane
et aqua contenti reliquis cibis et potibus sint omni[no] privati.
Qui si[8] hanc excommunicationem suspicati fuerint violasse,
satisfaciant episcopo, quod illam non violaverint, sicque demum,
si convicti fuerint hanc violasse, non solum, quod unicuique
arguuntur fecisse, emendent, sed etiam bis atque ter commo-
niti, si se non correxerint, ab omni communione ecclesiastica
sint alieni.[9]

---

[1] Cod. *ndducuntur.*
[2] Syn. Rav. *Ut homicidae et incendiarii, nisi publice satisfecerint, post excommunicationem etiam anathematizentur.*
[3] Syn. Rav. *aut fieri.*
[4] Cod. *faciente.*
[5] Syn. Rav. add. *esse.*
[6] Syn. Rav. *ergo.*
[7] Cod. *resipuerit.*
[8] Syn. Rav. *Quodsi.*
[9] Syn. Rav. *ab omni communione privati sint.* Syn. Rav. theilt dieses Capitel
in zwei; dem zweiten, welches mit den Worten *Porro de his* beginnt,
ist folgende Rubrik gegeben: *Ut praedones, si bis terve admoniti* non

## Cap. VIII.

*De excommunicatis ut per unamquamque provinciam regularis sententia teneatur.* [1]

Omnes, qui pro diversis excessibus suis tam ab apostolica sede quam ab universis ecclesiis per Samniam, Campaniam, Picenum, Umbriam, Valeriam, Tusciam, Flamineam, Pentapolim et Emiliam excommunicati per diversas provincias aeque communione privati sunt vel de reliquo fuerint, donec hi, qui ab apostolica sede suspensi sunt, ei legaliter satisfecerint, communione priventur. Hi vero, qui ab aliis episcopis, eisdem nihilominus legitimam satisfactionem praebuerint, sub ejusdem excommunicationis vinculo se manere cognoscant. Si vero post secundam et tertiam commonitionem cuncta, in quibus arguuntur, perfecte non emendaverint, anathematis sententia se noverint obligatos.

## Cap. VIIII.

*De his, qui ante audientiam communicare temptaverint.* [2]

Hi sane, qui ante audientiam communicare temptaverint vel temptaverunt, donec per poenitentiam reatum suum defleant, ad communionem nullo modo reducantur excepto mortis urguente periculo. Qui vero excommunicato scienter communicavit vel communicaverit et a[3] modo saltem in domo simul oraverit atque latebras defensionis, [ne] cominus ad satisfactionem perducatur, praebuerit, donec ab excommunicatore poenitentiam suscipiat, corporis et sanguinis Domini communione[4] se privatum[5] cognoscat.

---

*emendaverint, praeter excommunicationem etiam anathemate feriantur.* Am Ende findet sich folgender Zusatz: *Si vero post secundam et tertiam commonitionem cuncta, in quibus arguuntur, perfecte non emendaverint, anathematis sententia se noverint obligatos.*

[1] Syn. Rav. hat dieses Capitel nicht.
[2] Syn. Rav. *Ut excommunicatorum fautores et ipsi communione priventur.*
[3] Cod. *ad.*
[4] Cod. *communionem.*
[5] Syn. Rav. add. *esse.*

## Cap. X.

*De his, qui excommunicati defuncti sunt.* [1]

Quicumque igitur intra anni spatium civiliter [2] sive publice causam suam coram suis excommunicatoribus non peregerint, ipsi sibi audientiae clausisse aditum [3] videantur. Quodsi obstinato animo sine communione defuncti fuerint, nos illorum [4] causam juxta beati Leonis praedecessoris nostri sententiam divino judicio reservantes: quibus vivis non communicavimus, mortuis communicare non possumus. [5]

## Cap. XI.

*Ut omnes episcopi excommunicatorum nomina suis vicinis denuntient.* [6]

Curae sit omnibus episcopis excommunicatorum omnino nomina tam vicinis episcopis quam suis parroechianis pariter indicare eaque in celebri loco posita pro foribus ecclesiae cunctis convenientibus [7] inculcare, quatenus in utraque diligentia et excommunicatis [8] ubique [9] ecclesiasticus aditus excludatur et excusationis causa omnibus auferatur.

---

[1] Syn. Rav. verbindet dieses Capitel mit dem voraufgehenden, daher fehlt die Rubrik.

[2] Syn. Rav. *humiliter.*

[3] Cod. *aditu.*

[4] Cod. *illius.*

[5] S. Leon. M. ep. (167) ad Rusticum Narb. *Horum causa Dei judicio reservanda est, in cujus manu fuit, ut talium obitus usque ad communionis remedium differretur. Nos autem, quibus vivis non communicavimus, mortuis communicare non possumus.* (Ed. Ballerin. I. 1423.)

[6] Dieses und das folgende Capitel bilden, zu einem verbunden, das cap. X Syn. Rav., dessen Rubrik so lautet: *Ut episcopi nomina excommunicatorum publice affigi curent.*

[7] Cod. *conventionibus.*

[8] Cod. *excommunicantes.*

[9] Syn. Rav. om.

·

## Cap. XII.

### De neglectoribus episcopis communione privandis.

Si quis sane venerabilium episcoporum vel sacerdotum in
hac re districtissime non vigilaverit et in aliquo conibuerit,
quominus ecclesiasticae severitatis invectio circa personas de-
linquentium conservetur, donec coram provinciali synodo satisfaciat, [a] communione sciat se esse suspensum. Si vero post
tertiam conventionem in sua neglegentia manserit, canonico
judicio subjacebit.

## Cap. XIII.

### De his, qui ante emendationem reatus seniores suos subterfugiendo relinquunt. [1]

Multos esse cognovimus, qui dum a suis senioribus pro
diversis suis excessibus se conveniendos legaliter timent, ad
alium senioratum confugiunt et ibi pejora prioribus operantur.
Quapropter si quis sine justa querela et capitularibus legum
cognita a seniore in seniorem vitiose migraverit, a nemine
suscipiatur, donec sub prioris senioris districtione satisfaciat
cunctis, quibus deliquerat. Si vero susceptus fuerit, quousque
nihilominus satisfecerit, cum suo susceptore communione privetur. [2]

## Cap. XIIII.

### De laicis publicos [3] conventus spernentibus a communione pellendis. [4]

Verum quia sunt plerique, qui prolationem sententiae
subterfugere cupientes a matricularibus [5] ecclesiis vel baptis-

---

[1] Syn. Rav. *Ut ecclesiastico judicio obnoxiis refugium praestantes et ipsi excommunicentur.*

[2] Syn. Rav. bringt dieses Capitel in abweichender Fassung folgendermassen:
*Illos autem, qui pro diversis suis excessibus se conveniendos legaliter timent
aliumque senioratum confugiunt et ibi pejora prioribus operantur, jubet, ut
a nemine suscipiantur, donec sub prioris domini districtione satisfaciant
cunctis, quibus deliquerant. Si vero prius suscepti fuerint, cum suo susceptore communione priventur.*

[3] Cod. *publicorum.*

[4] Syn. Rav. *Ut nemo se parochiae propriae conventui ultra tres dies domi-
nicos subtrahat.*

[5] Syn. Rav. *matricialibus.*

2

malibus se subducunt, placuit, ut hi, qui intra[1] regione[m] positi a publicis ecclesiarum se conventibus ultra tribus diebus dominicis voluntarie sententie subterfugiendo abstinent,[2] donec sub satisfactione se emendandos[3] astruant, communione priventur.

## Cap. XV.

*De administratoribus saeculi episcopo ad defensionem aecclesiae opem ferre neglegentibus.*[4]

Administratores plane secularium dignitatum, quos ad aecclesiarum tuitionem, pupillorum ac viduarum protectionem rapatiumque refrenationem constitutos esse cognovimus,[5] quotiens ab episcopis et ecclesiasticis viris conventi fuerint, eorum quaerimonias fideliter[6] audiant et, secundum quod necessitas expetierit, absque neglegentia examinent[7] et diligenti studio emendent.[8] Quod si Dei timorem prae oculis non habentes neglegere post secundam et tertiam ammonitionem inventi fuerint, omni se noverint communione usque ad condignam satisfactionem privatos.

## Cap. XVI.

*De non gravandis ecclesiis vel episcopis a suis metropolitanis.*[9]

Quoniam sacris docentibus regulis liquido novimus non minus malam consuetudinem quam pernitiosam corruptelam forte[10] vitandam, placuit consuetudinem modis omnibus amputari, ne quisquam metropolitanorum aecclesias, in quibus episcopos ordinat, vel eosdem antistites aliqua turpis lucri gratia vel exquisitis adinventionibus aggregare pertemptet, per visitationem

---

[1] Cod. *infra.*
[2] Syn. Rav. *sententiam subterfugiendo subtrahunt.*
[3] Syn. Rav. *corrigendos.*
[4] Syn. Rav. *Ut magistratus saeculares ab episcopis et clericis conventi querimonias eorum diligenter examinent et corrigant.*
[5] Syn. Rav. *constituti esse procul dubio debent.*
[6] Syn. Rav. *attentius.*
[7] Cod. *examinentur.*
[8] Syn. Rav. *corrigant.*
[9] Dieses Capitel kommt in Syn. Rav. nicht vor.
[10] Leg. *fore.*

Voy.<sup>dm</sup> les actes du Concile contre Jean arch. d. Rousseaux dans Micolay I
(Collect; X 190 sqq.) non noté personnellement. (Act. du Concile)

scilicet, qua putatur(?), vel per improbum accessum suum et
tardum omnino recessum. Quod quidem ambitus vel avaritiae
genus a Ravennatibus dinoscitur nuper praesulibus adinventum,
sed a Johanne, qui nunc superest, ejusdem urbis antistite post-
modum multiplicibus rapinis et violentiis dilatatum. [1] Quapropter sit de reliquo hoc communi decreto nostro Ravennatis
urbis episcopus regulariter aecclesiae suae conlata prerogativa
contentus aliarumque regimen aecclesiarum sibi non vindicet, [2]
non subripiat; [3] sed tali jure talique moderamine hic in episcopis fruatur, quos consecrat, quali nimirum Mediolanensis et
Aquilejensis ceterique metropolitani presules in eis frui pro-
bantur, quos ad episcopatus apicem provehunt; praesertim cum
nec apostolicae sedis summi pontifices hujuscemodi sibi ambi-
tionis reperiantur umquam pro nefas usurpasse. Quisquis ergo
archiepiscoporum post hanc synodalem diffinitionem nostram
tale quid facere temptaverit, correptionem subeat, quam ratione
dictante sedes apostolica judicaverit; perseverans autem deponatur ut sacrilegus et idolatra per hujusmodi avaritiam et turpe
lucrum effectus, secundum [quod] peregregius [4] apostolus sentit [5]
et sancta et universalis synodus nuper aput regia urbe facta
decernit. [6] — Episcopos [7] Aemiliae, quos [8] ad synodum praeesse
vocavimus, quia neque occurrere neque justas necessitatis

---

[1] Schon die römische Synode unter Nicolaus I. von 862 (Mansi XV. 598
setzt sie mit andern in das Jahr 861; s. aber Hefele IV. 239 und
Dümmler I. 496) gedenkt ähnlicher Beschwerden gegen den Erzbischof
Johann von Ravenna; sie beschliesst darauf: *ut nullus amodo et deinceps
archiepiscopus Ravennae ad vestra episcopia sine voluntate vestra accedere
tentet vel aliquam pecuniam a vobis exigere vel res ecclesiae vestrae aut
monasteria vestra sive plebes aut titulos sive praedia per quodvis ingenium
diripere audeat*, rel.

[2] Cod. *vindicent*.

[3] Cod. *subripiant*.

[4] Cod. *progregius*.

[5] Coloss. 3. 5.

[6] S. oben S. 774.

[7] Im Cod. wird dieser Absatz, verbunden mit dem folgenden [cap. XVII],
zum zweitenmal als *Cap. XVI.* bezeichnet. Dass aber mit den Worten
*Episcopos Aemiliae* kein neues Capitel beginnt, zeigt das Fehlen der
Rubrik; wie umgekehrt das Vorhandensein der Rubrik erkennen lässt,
dass mit den Worten *Quia exquisite* ein neues Capitel beginnt.

[8] Cod. *quod*.

excusationes nobis mittere voluerunt,[1] communione praevaricandos nunc canonice sanciremus. Sed quia fratrum et coepiscoporum nostrorum, qui adsunt, precibus indutias eis conferendas annuimus, decernimus, nisi intra quadraginta dierum spatium a modó numerandi (sic) occurrerint, communione privari.

## [Cap. XVII].

*Ut diaconi cardinis hujus apostolicae sedis coacte presbyteri non ordinentur.* [2]

Quia exquisite adinventionis arte in hac sancta Romana, cui Deo auctore deservimus, ecclesia consuetudo insolita penitus inolevit, ut scilicet preconsules[3] ejus[4] diaconos suos aliis episcopis hoc[5] nolentes et absolute contra sacras regulas presbyteros ordinare praecipiant, nil plerumque in eis, quod de merito reprehendant, habentes, nisi quod livore vel in accusatione malignorum hominum exterminare illos, nulla docente regula, ordine de ecclesia, cui famulabantur, affectant (unde accidit, ut stipendiis ecclesiae, cui serviebant, amissis mendicare domosque saecularium circuire cogantur), placuit hujusmodi pessimam consuetudinem modis omnibus amputandam. Quapropter decreto presenti statuimus neminem diaconum a modo et deinceps invitum presbyterum ordinandum; sed studentes et compellentes et omnes omnino huic faventes et cooperantes tyrannidi anathema sint a patre et filio et spiritu sancto et a toto corpore Christi, quod est ecclesia, separati.

[1] Weshalb die Bischöfe der Aemilia nicht erschienen waren, erhellt nicht. Unter Nicolaus bildete es eine der Beschwerden dieser Bischöfe, dass der Erzbischof sie nicht nach Rom reisen lasse. Daher heisst es in dem S. 789 Note 1 angeführten Synodaldecret: *nec non et vobis licentiam tribuimus, ut quoties pro beatorum apostolorum amore vel pro visitatione apostolicae sedis praesulum more decessorum vestrorum Romam occurrere vultis, nullum impedimentum vobis archiepiscopus Ravennae nec palam nec occulte facere praesumat; sed Deo comite vobis occurrere liceat* (Mansi XV. 601).

[2] Dies Capitel kommt ebenfalls in Syn. Rav. nicht vor.

[3] *presules?* Die römischen Suffragane wurden auch *episcopi R. e.* genannt.

[4] Cod. *preconsulereius.*

[5] Cod. *hos.*

Diaconum vero, qui hanc injuriam et hujusmodi genus depositionis sustinuit, utpote qui presbyteratus non sit canonice
gradum sortitus, ad diaconatus revocari officium et in ordine
levitarum secundum priorem consuetudinem permanere et mini-
strare decernimus, fas et jus semper habentem contra in hoc
sibi renitentes multifariae multisque modis agendi. Sane si
quisquam diaconorum super aliqua fuerit culpa forte notatus,
canonicis aut confessus aut convictus legibus arguatur.

## Cap. XVIII. [1]

### *De illicitis ordinationibus minime faciendis.* [2]

Illicite ordinationes diversis ubique patrum regulis in-
hibentur. Sed quia contempni has ab improbis indesinenter
aspicimus, praesenti una cum sancto concilio diffinimus neminem episcoporum illicitas ordinationes facere clericorum vel
presbyterorum aut [in] hujus Romae civitatis suburbanis aut in
alienis dioecesibus consecrare aut litterarum vel maxime psal-
morum ignarum vel eum, qui minoris quam treginta sit anno-
rum aetatis. Qui ergo presbyterum ordinare necessarium ducit,
deputet eum ecclesiae, in qua Domino serviens jugiter perseveret. [3] Et siquidem in urbis nostrae suburbanis presbyter
fuerit promovendus, consensus nostri epistola signaculo nostro
munita ab episcopo requiratur; sin autem,[4] ab episcopo, in
cujus parroechia [5] eadem est promotio facienda. Quisquis
autem episcoporum adversus statutum nostrum de cetero egisse
fuerit deprehensus, uterque gradus sacerdotalis careat. Itaque
episcopus depositionis poenam non evadet, nisi de consecrando

---

[1] Cod. *XVII.*

[2] Syn. Rav. hat unter der Rubrik: *Ut presbyter non nisi ad certum locum
ordinetur* nur den folgenden Satz dieses Capitels: *Qui presbyterum ordinare necessarium ducit, deputet eum ecclesiae, in qua Domino serviens
jugiter perseveret.* Dann folgen in Syn. Rav. noch fünf Capitel, welche
dem römischen Concil fremd sind.

[3] S. vor. Note.

[4] Hier fehlt etwa *alibi.*

[5] Cod. *parroechie.*

presbytero sedis apostolicae vel episcopi, in cujus parrocchia promovet, certis indiciis consensum se percepisse probaverit; is autem, qui consecrari visus est, de promotione illa nihil omnino lucrabitur, nisi formatam a consecratore suo certo signaculo ejus munitam percipiat evidenter ab eo se fuisse promotum et inambiguo demonstrantem.